PEDRITO, KIRA y sus amigos saben muy bien que el ejercicio diario es un buen sistema para mantenerse en forma y crecer con un cuerpo fuerte y sano.

ERASE UNA VEZ EL CUERPO HUMANO

Equipo Editorial:

Ilustración interior: Beaumont, María Gracia
Ilustración cubierta: Comicup
Dirección artístico-técnica: José M.ª Parramón Homs
Corrección y redacción: Albert Rovira Sumalla
Diseño gráfico: Antoni Inglés
Maquetación: Antoni Inglés, Rosa Moreno
Producción: Gabriel Palou, Mary Justribó
Auxiliar de producción: Alicia Escuer

Los músculos

ISBN Obra completa: 84-395-1691-6
ISBN Tomo 1: 84-395-1692-4
Depósito legal: B-6687-1997

Impreso por Printer Industria Gráfica, S.A. (Barcelona)

Productores de calor

Además de determinar el movimiento, los músculos originan calor, como fuente de energía que son. Por eso, el frío puede combatirse con el movimiento. Pensemos, por ejemplo, en un frío día de invierno: si permanecemos quietos o paseamos muy despacio sentimos mucho frío; pero si por el contrario, corremos o hacemos ejercicio físico, reaccionamos y entramos en calor en seguida.

Nuestro amigo, víctima de un resfriado gordísimo, cierra los ojos de pura envidia: él, inactivo a la fuerza, siente frío a pesar de estar en casa. En cambio, sus amigos, tan contentos, jugando al balón al aire libre y empezando a pensar que les está sobrando el chandal que llevan puesto. Sus músculos están liberando energía, que se manifiesta en forma de calor.

¡Mantente en forma!

Para mantener tu musculatura en forma, debes tener en cuenta dos principios: cuidar tus comidas y realizar ejercicio físico.

La alimentación es la que proporciona glucosa a tus músculos; por tanto, cuando se realiza un esfuerzo físico prolongado es necesaria una alimentación rica en azúcares y vitaminas, que son las responsables de la buena asimilación de la glucosa. Sin embargo, hay que evitar las grasas, puesto que se acumulan en exceso y no se *metabolizan,* salvo en el caso de necesidad, produciendo una sobrecarga excesiva de peso.

Aprende con nosotros

Paralizadores musculares

Debido al cansancio muscular o a posturas inadecuadas, a menudo los músculos experimentan calambres. El músculo queda entonces rígido y dolorido y son precisos reposo y masajes, para que recobre su elasticidad.

No son, sin embargo, calambres, lo que produce el CURARE, un veneno con el que los indios americanos solían impregnar las puntas de sus flechas. Este producto tóxico motiva la paralización progresiva de todos los músculos. Así, cuando esta paralización alcanza los músculos respiratorios, el individuo muere por asfixia.

Indios de la América Meridional emponzoñando sus flexas con el Curare. Con él aseguran el éxito de sus cacerías. Por poco que la flecha penetre en la piel del animal, ave o mamífero, éste muere por parálisis muscular.

Higiene del sistema muscular

Los músculos enferman

Hay enfermedades que atacan directamente a los músculos. Es el caso, por ejemplo, de la poliomielitis o parálisis infantil. A causa de la acción de un *virus,* los músculos —casi siempre de las extremidades— se atrofian y producen la invalidez más o menos grave del enfermo, según queden afectados los músculos. El virus actúa directamente sobre la médula espinal, que no puede transmitir corriente nerviosa a los músculos, por lo que éstos se atrofian.

En la actualidad, esta enfermedad, que raramente afecta a los adultos, puede prevenirse mediante vacunaciones periódicas que se aplican a los niños a partir de los tres meses.

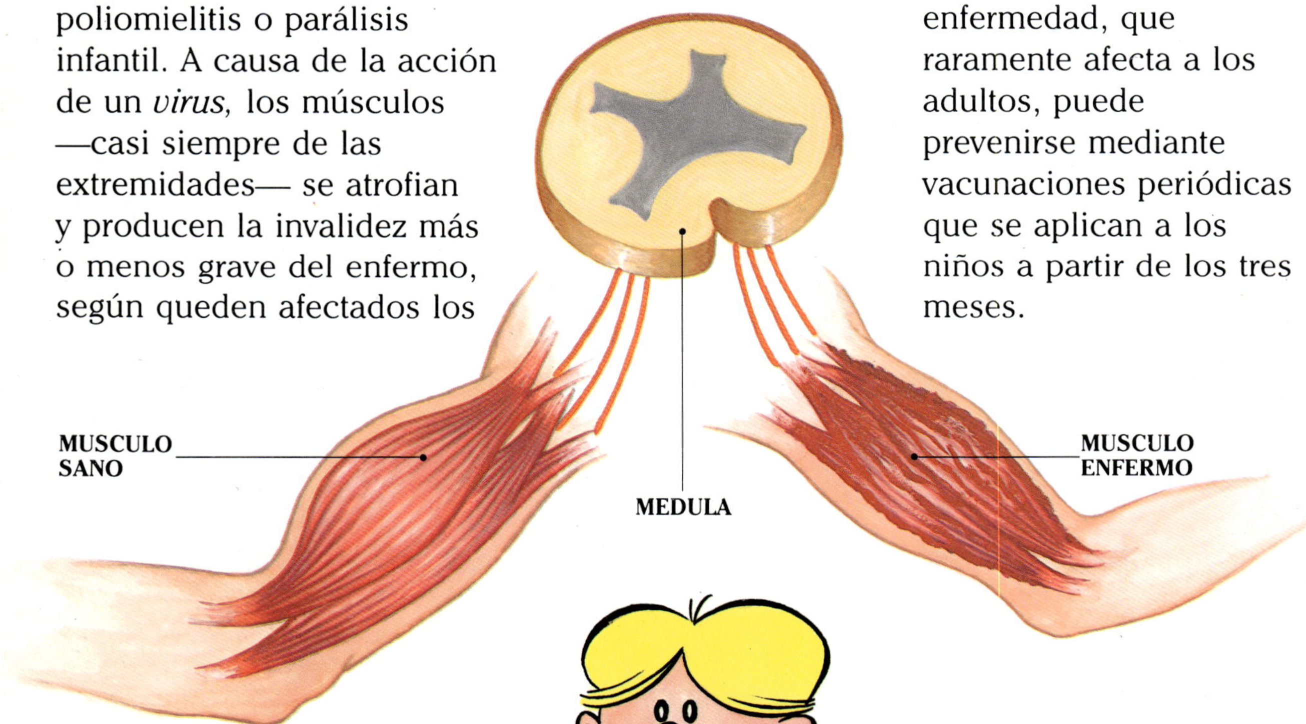

La parálisis infantil fue un verdadero azote de la población infantil y un gran motivo de preocupación para los padres. Hoy día, gracias a la vacunación, la enfermedad ha sido prácticamente erradicada.

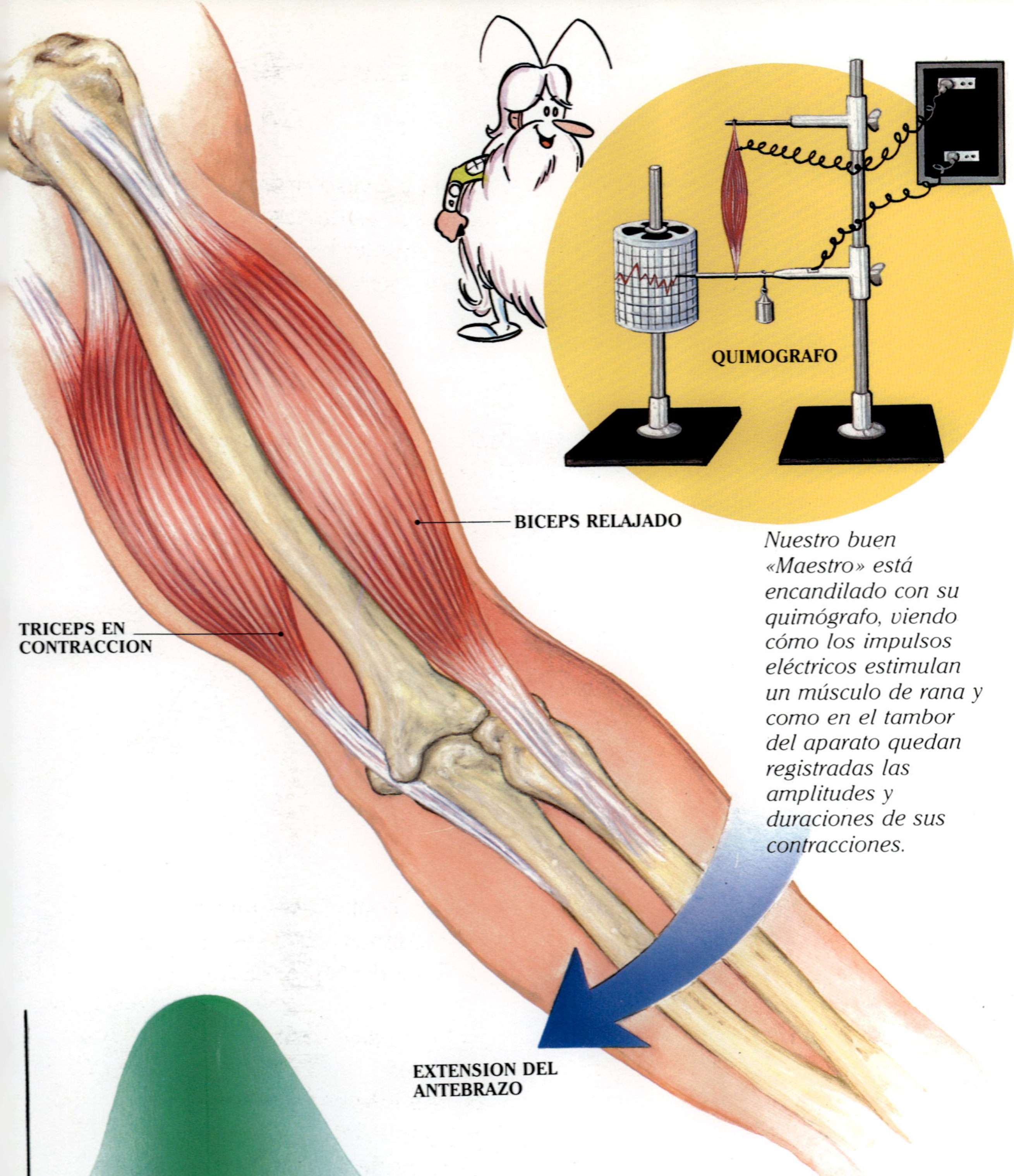

Nuestro buen «Maestro» está encandilado con su quimógrafo, viendo cómo los impulsos eléctricos estimulan un músculo de rana y como en el tambor del aparato quedan registradas las amplitudes y duraciones de sus contracciones.

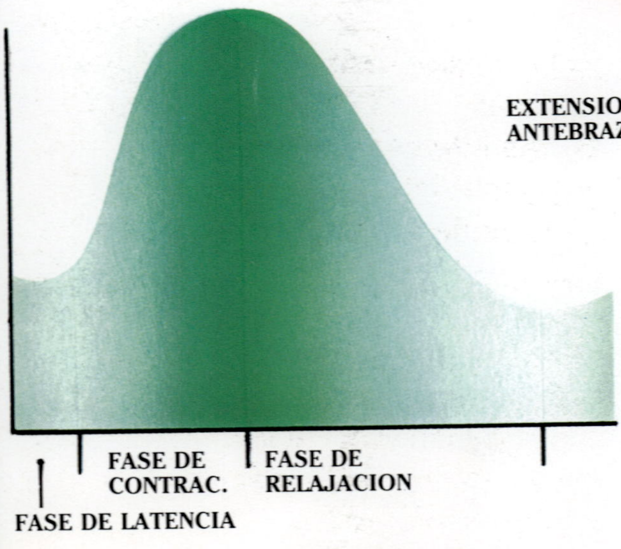

En esta gráfica se relacionan los tiempos de duración de las tres fases de una contracción con la intensidad del estímulo que la provoca.

¿Cómo se nutren los músculos?

Los músculos no son más que máquinas generadoras de movimiento y como tales necesitan una fuente de energía. ¿Cuáles son las sustancias suministradoras de energía muscular?

Después de muchas investigaciones, los científicos han demostrado que el principal alimento del músculo es la glucosa. Esta se encuentra en las frutas —como la uva, por ejemplo— y el cuerpo humano también la recibe como resultado de la digestión de las *féculas* o del azúcar común. Las grasas y alguna proteína también pueden producir glucosa después de ciertas transformaciones químicas que sufren al ser ingeridas por el ser humano.

A través de la sangre, la glucosa llega hasta el músculo donde se transforma en glucógeno, imprescindible para el buen funcionamiento del mismo.

Cuando el músculo trabaja —se mueve— consume mucha más glucosa; igualmente, cuando el músculo está en funcionamiento, tiene un consumo de oxígeno mucho mayor. No debemos olvidar que la musculatura «respira», es decir, capta el oxígeno de la sangre y expulsa, a través de ella, el gas carbónico.

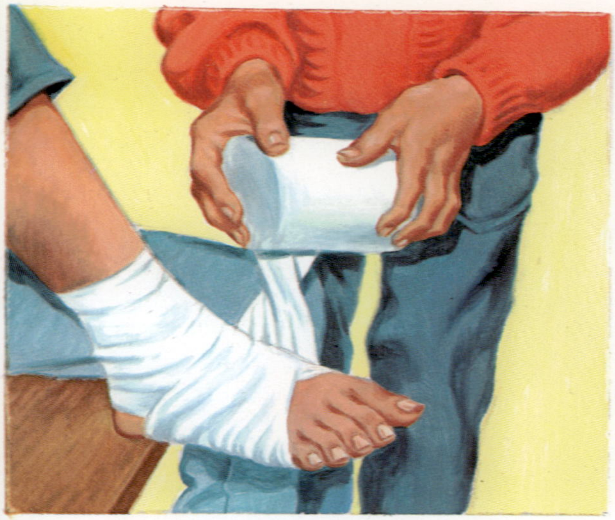

Un vendaje ligeramente compresivo mantendrá inmovilizada la zona afectada...

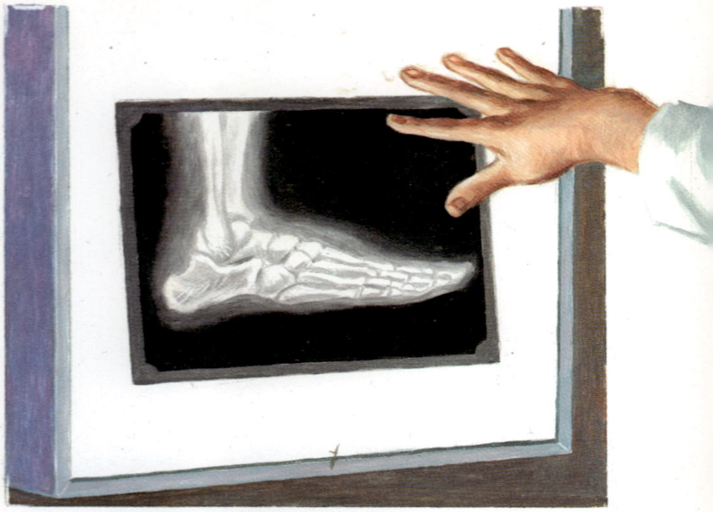

...hasta que un médico compruebe, mediante los rayos X, si hay o no lesión ósea.

Lo primero que haremos entonces será aplicar bolsas de hielo o compresas frías en la zona afectada, para reducir la hinchazón. Después aplicaremos un vendaje (si se trata de una articulación) ligeramente compresivo, que inmovilizará la zona hasta que la vea un médico. El facultativo es muy posible que realice luego una serie de *pruebas radiológicas*, para comprobar si existe lesión ósea; una vez descartada la fractura, es muy probable que sólo con reposo y baños de agua caliente y sal, junto con un ligero vendaje de contención, consigamos reducir el esguince.

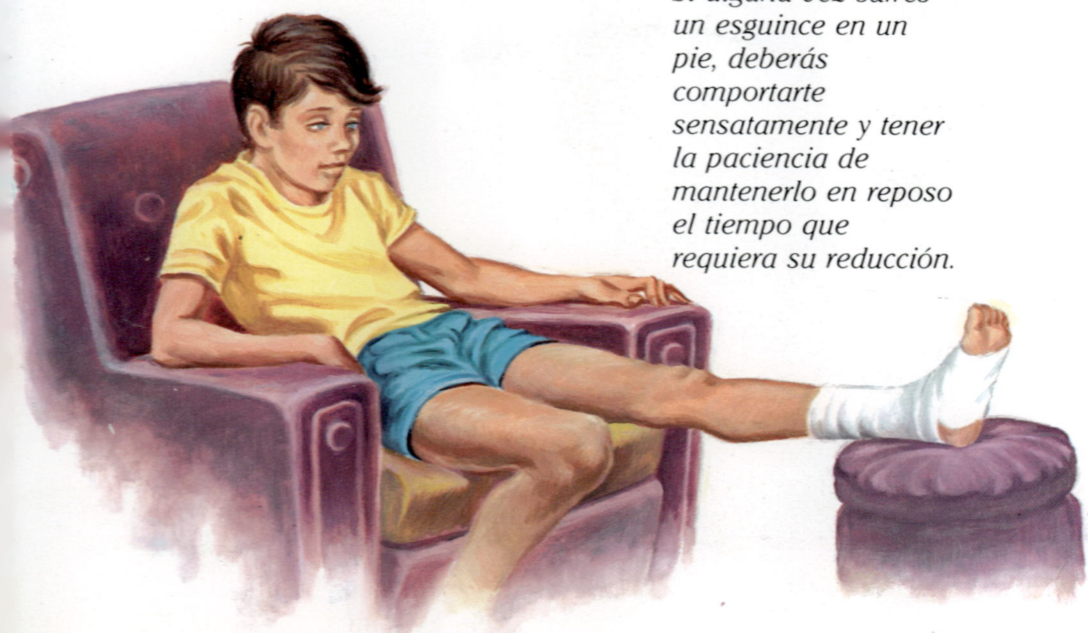

Si alguna vez sufres un esguince en un pie, deberás comportarte sensatamente y tener la paciencia de mantenerlo en reposo el tiempo que requiera su reducción.

Glosario

FECULAS
Alimentos ricos en almidón e hidratos de carbono (azúcares), como las judías, garbanzos, etc.

HEMATOMA
Rotura de vasos sanguíneos que se manifiesta en forma de gran mancha violácea en el lugar de la lesión.

HUSO
Instrumento para hilar que al recoger el hilo queda engrosado en su parte central y fino en los extremos, de ahí la forma de huso, como la de los peces.

METABOLISMO
Proceso por el que el organismo asimila los alimentos.

PROTEINA
Nombre que reciben ciertos compuestos de carbono, nitrógeno, hidrógeno y oxígeno que son esenciales para la vida humana y la del resto de seres vivos.

PRUEBA RADIOLOGICA
Examen del cuerpo humano a través de los rayos X.

TEJIDO CONJUNTIVO
Tejido membranoso que envuelve las masas musculares y diversos órganos, a modo de separación y protección.

TOXINAS
Sustancias perjudiciales para el ser humano.

VAINA
Envoltura o recubrimiento.

VIRUS
Germen microscópico que ataca a los seres humanos produciendo graves enfermedades, como la gripe, la rubéola, etc.

VISCERAS
Organos situados en el interior del cuerpo humano, como el hígado, corazón, bazo, pulmones, etc.

En cuanto al ejercicio físico, es necesario porque cuando un músculo trabaja, se desarrolla y gana en elasticidad y contractilidad. Pensemos que el corazón es un músculo; pues bien, con el ejerció físico éste se desarrolla, se hace más grande y con ello se mejora la circulación sanguínea. Así, si un corazón normal tiene un volumen de 750 cc, el de un deportista puede llegar a alcanzar —como es el caso de algún ciclista profesional— los 1.250 cc.

Junto a la práctica del ejercicio físico, también es importante el descanso. Observemos que los deportistas duermen muchas horas; con ello consiguen tener a punto el sistema nervioso, base del buen funcionamiento de nuestro organismo.

Una dieta equilibrada, o sea, alimentarte correctamente y el ejercicio físico (sin excesos) son, junto con el necesario descanso, la mejor garantía de que vas a mantenerte en buena forma. Desarrollarás tus músculos, entre ellos el corazón, que bombeará la sangre con más facilidad.

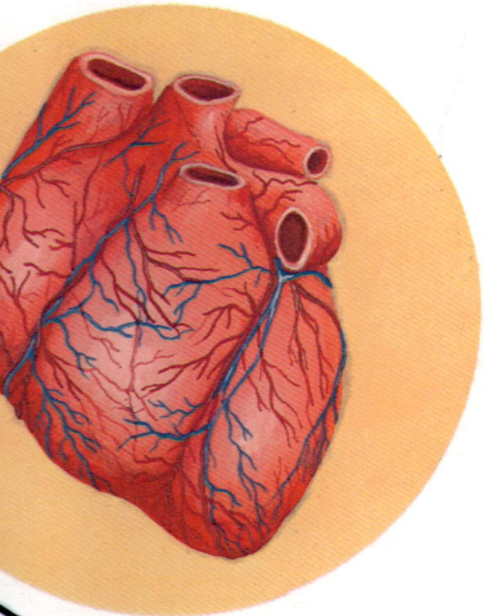

Te aconsejamos que...

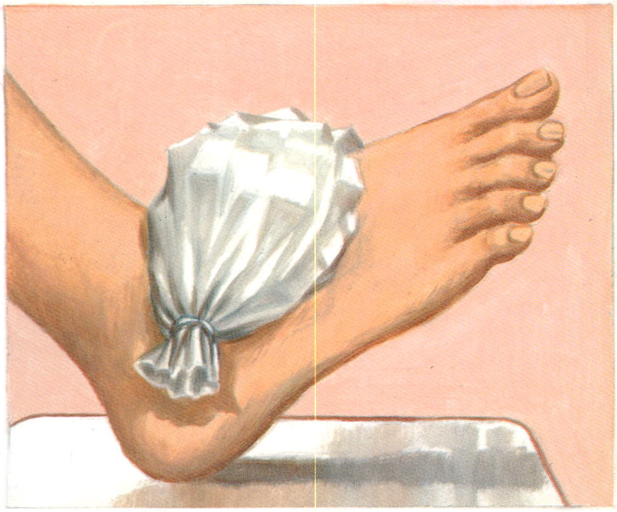

Una bolsa con hielo colocada sobre la zona afectada, contribuirá a reducir la inflamación.

... conozcas la forma correcta de actuar en caso de esguince muscular. Este se produce cuando forzamos el límite de elasticidad de los ligamentos y tendones musculares. Aparece entonces un dolor intenso, dificultades para el movimiento y muy frecuentemente un *hematoma*.

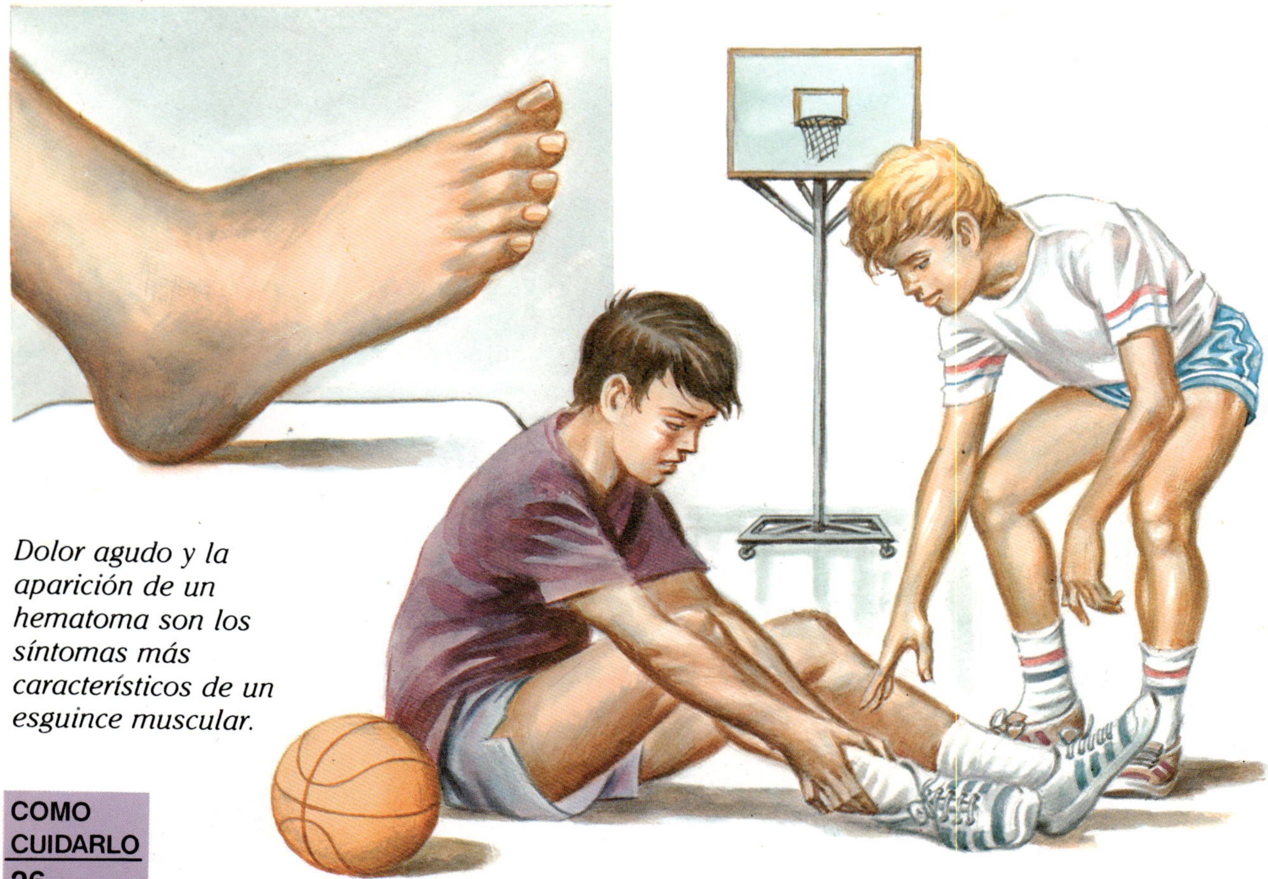

Dolor agudo y la aparición de un hematoma son los síntomas más característicos de un esguince muscular.

Por los intrincados caminos de nuestro sistema circulatorio, las féculas llegan al hígado donde son químicamente transformadas en glucosa, la cual, vertida al torrente sanguíneo llega a las células musculares, auténticos laboratorios microscópicos que la aprovechan en forma de energía. La glucosa se quema liberándose calor.

¿Por qué te fatigas?

Dice la leyenda que el corredor que llevaba la noticia de la victoria griega en Maratón, murió a causa de la fatiga después de recorrer 42 km de distancia. Habrás visto también en alguna retransmisión deportiva de TV, que los atletas se desmayan al llegar a la meta. ¿Por qué sucede esto? ¿Qué proceso sufre su organismo para que llegue a estos extremos? Simplemente que, a causa del ejercicio prolongado, el músculo necesita más oxígeno que el que la sangre es capaz de proporcionarle; además, se produce una sustancia llamada ácido láctico, que provoca la rigidez del músculo.

Cuando esta fatiga es relativa, el resultado son las conocidas «agujetas», rigideces y calambres; pero si es grave, puede llegar a provocar un paro cardiaco y la muerte del individuo. El mejor remedio contra la fatiga muscular es el descanso y masajes que activen la circulación sanguínea para que la sangre pueda, al circular libremente, arrastrar las *toxinas* formadas en los músculos.

Como los atletas, también tú has sentido la necesidad de sentarte y de respirar profunda y pausadamente para superar los síntomas de la fatiga muscular que sientes después de haber corrido demasiado. Necesitas aportar más oxígeno a tus músculos y eliminar ácido láctico.

Los músculos, elásticos y excitables

Los músculos tienen dos propiedades: elasticidad y excitabilidad. La primera consiste en la capacidad que tienen de aumentar su longitud, para volver después a su tamaño y sólo se pierde cuando el individuo muere. Es la llamada «rigidez cadavérica» por la que, ante la imposibilidad de que los músculos vuelvan a su posición de origen, lo cadáveres permanecen en la postura del momento del fallecimiento. En cuanto a la excitabilidad, es la sensibilidad de los músculos a los impulsos nerviosos o a estímulos mecánicos externos como pinchazos, cambios de temperatura, paso de la corriente eléctrica, etc.

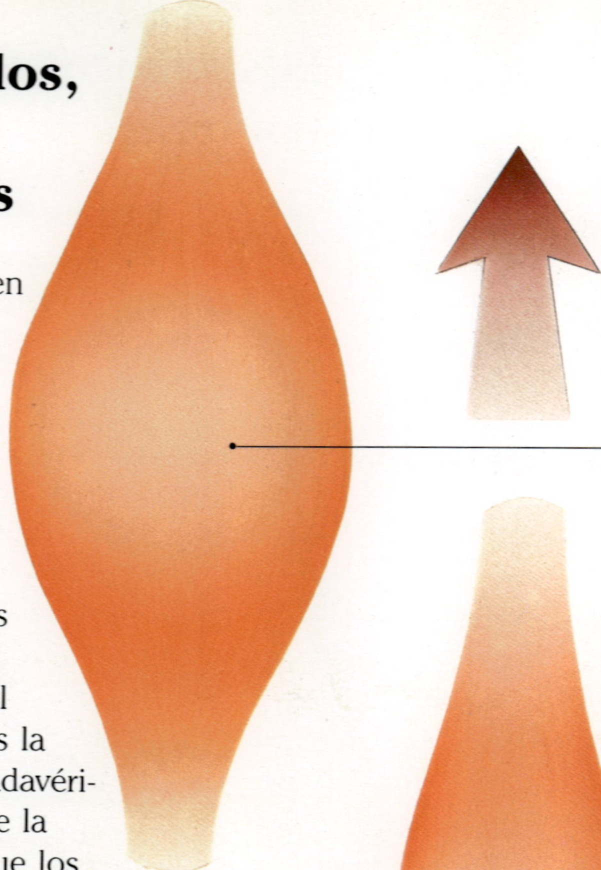

Los músculos, lo mismo que un haz de pequeñas gomas, son elásticos. Esto quiere decir que pueden estirarse y recuperar su forma inicial cuando cesa la fuerza que los ha deformado. Esta facultad sólo desaparece con la muerte del tejido muscular debida, a veces, a virus tan malignos como nuestro viejo conocido Nabot.

Los músculos se contraen

Ya hemos visto que los músculos se contraen, es decir, ante un estímulo nervioso pierden longitud y aumentan en grosor, pero sin variar su volumen.

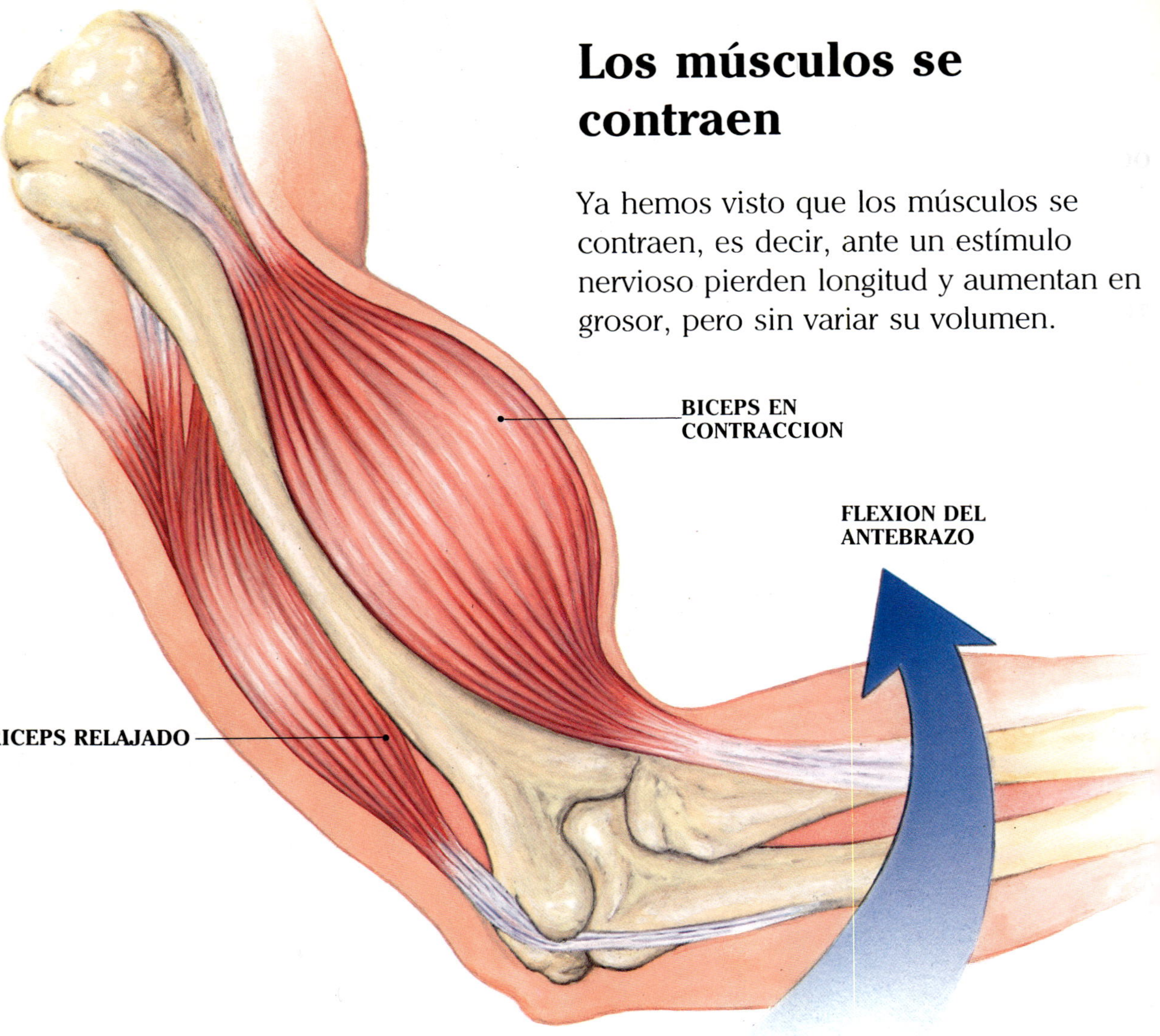

El bíceps ha recibido la orden de ponerse en acción. Mientras su antagónico (el tríceps) permanece relajado, el bíceps se contrae; su longitud disminuye y flexiona el antebrazo acercándolo al brazo. En la página siguiente puedes ver el caso contrario: ahora la orden es de estirar el brazo. Se contrae el tríceps mientras que el bíceps permanece inactivo.

En una contracción muscular distinguimos tres fases, que son:

- **Fase de latencia:** tiempo transcurrido entre la estimación nerviosa y el comienzo de la contracción muscular.
- **Fase de contracción:** mientras dura la contracción del músculo, y
- **Fase de relajación:** cuando el músculo recobra su posición inicial.

Para que el músculo se contraiga es necesaria una serie continuada de estimulaciones nerviosas (más o menos 40 excitaciones por segundo) que impidan la relajación del mismo antes de lo necesario.

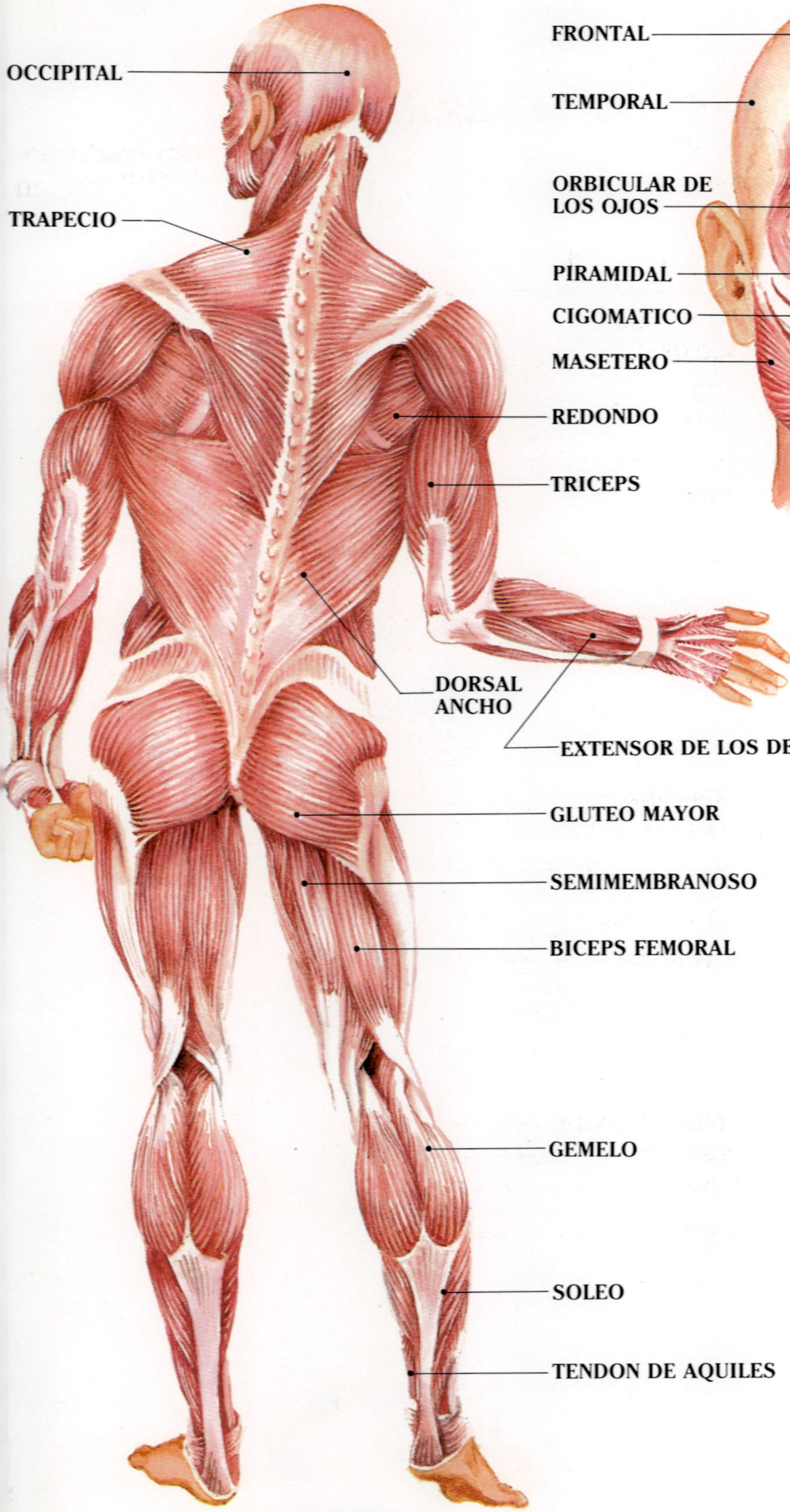

VISTA POSTERIOR

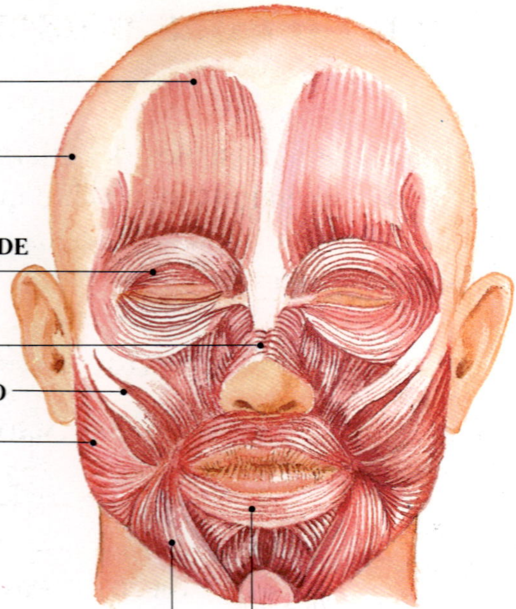

Principales músculos superficiales de la vista posterior o cara dorsal del cuerpo humano. Ten en cuenta que la forma definitiva de nuestro cuerpo depende muy directamente del esqueleto y de los músculos, pero no sólo de los que aquí citamos. Debajo de ellos tenemos muchos más, en capas más o menos profundas.

Funcionamiento de los músculos

¿Quién da órdenes a los músculos?

Ya hemos visto anteriormente que un músculo estriado sólo se contrae cuando el cerebro se lo ordena por medio de un mensaje. El proceso es el siguiente:
De cada músculo de fibra estriada parte una fibra sensitiva que informa al cerebro o a la médula espinal, sobre si el músculo está o no contraído; en respuesta, recibe la orden de continuar igual o cambiar de posición.
En cuanto a los músculos de fibra lisa, dependen del llamado sistema nervioso autónomo que funciona independiente a nuestra voluntad, provocando, sistemáticamente el movimiento muscular necesario para el buen funcionamiento del organismo. Así, por ejemplo, el movimiento de las paredes del aparato digestivo, hace que la comida avance a través del mismo.

A las terminaciones nerviosas de nuestros músculos, llegan constantemente mensajeros de nuestros centros de control, para que sus fibras actúen según las órdenes codificadas en el mensaje.

● **Músculos de fibra LISA.**
Las fibras lisas tienen forma de huso y menor tamaño que las anteriores; se encuentran exclusivamente en las paredes de las *vísceras,* son de color blanco y sus movimientos no dependen de la voluntad. Por tanto, decimos que son de contracción lenta e involuntaria. Pertenecen a este grupo los músculos que forman las paredes de venas y arterias o del tubo digestivo.

El bolo alimenticio ha pasado al esófago y sin que Pedrito sea consciente de ello, los músculos de fibra lisa de sus paredes se pondrán en acción. Con un movimiento llamado peristáltico empujarán el alimento hacia su estómago.

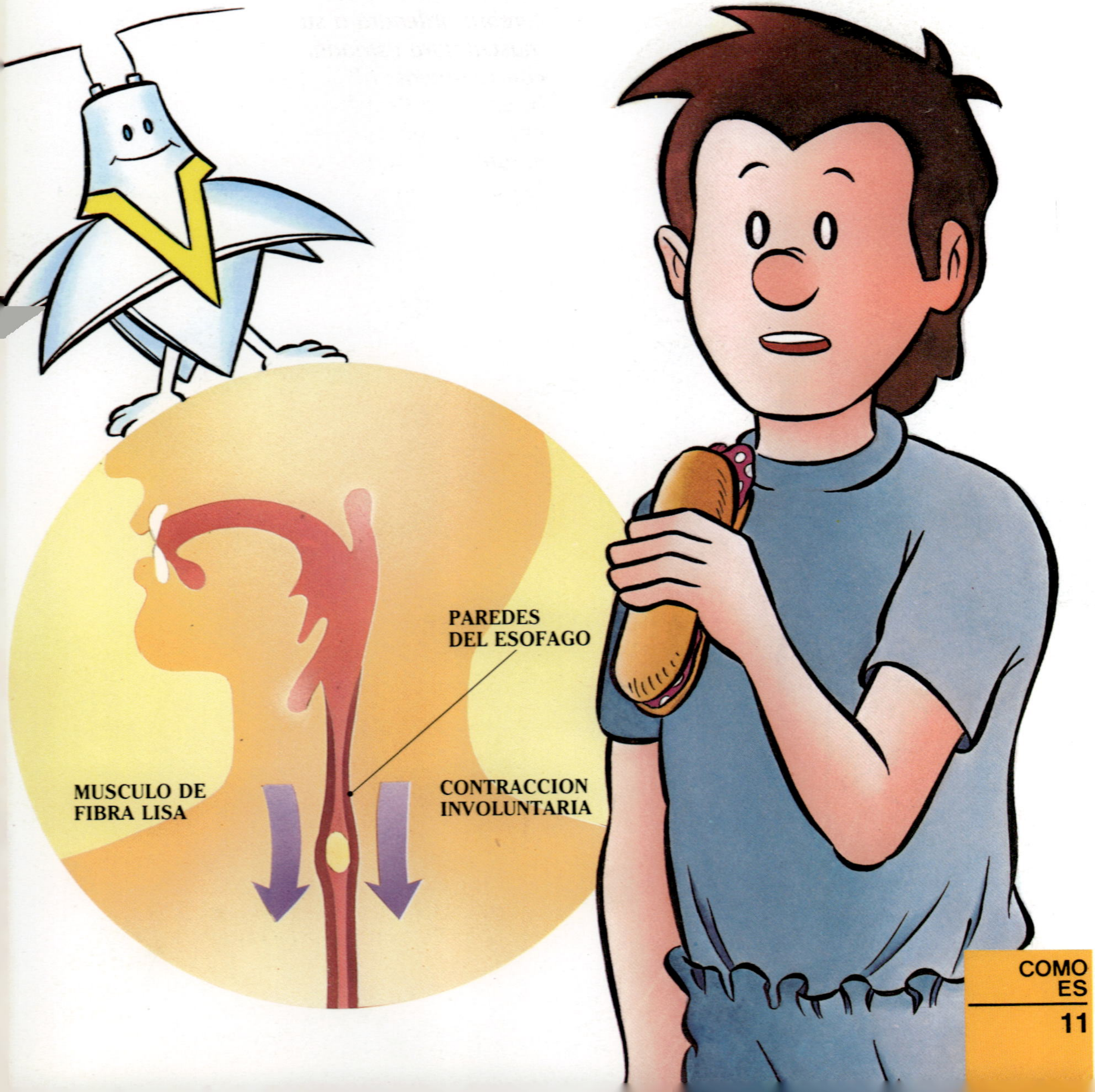

Pequeño atlas muscular

Veamos ahora cuáles son y dónde están los principales músculos del cuerpo humano. Sabiéndolo, es posible que te expliques mejor el porqué de tus movimientos, gestos y posturas.

La anatomía estudia la forma y relación de las distintas partes de nuestro cuerpo, y para ello considera distintas vistas del mismo. En esta ilustración tienes una vista o cara frontal con el sistema muscular al descubierto. Aprende el nombre de los principales músculos y localízalos en tu propio cuerpo.

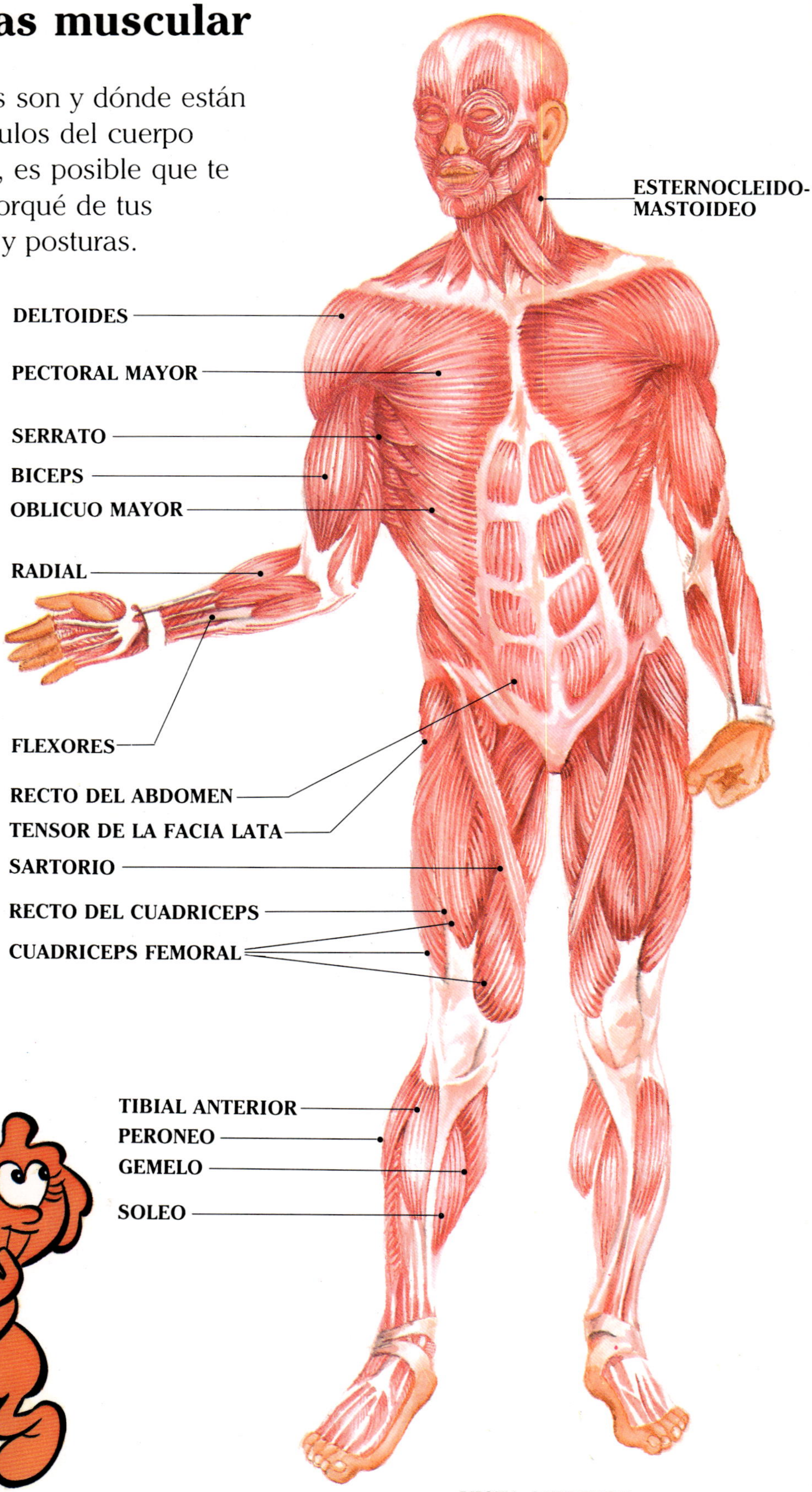

VISTA ANTERIOR

El tejido muscular está formado básicamente por una *proteína* llamada «miosina», que es la misma para todo el reino animal y para aquellos vegetales inferiores que tienen movimiento.

Esta es su característica esencial y bien podríamos decir que en la Naturaleza, allí donde hay miosina hay movimiento, debido a que esta proteína es elástica y contráctil.

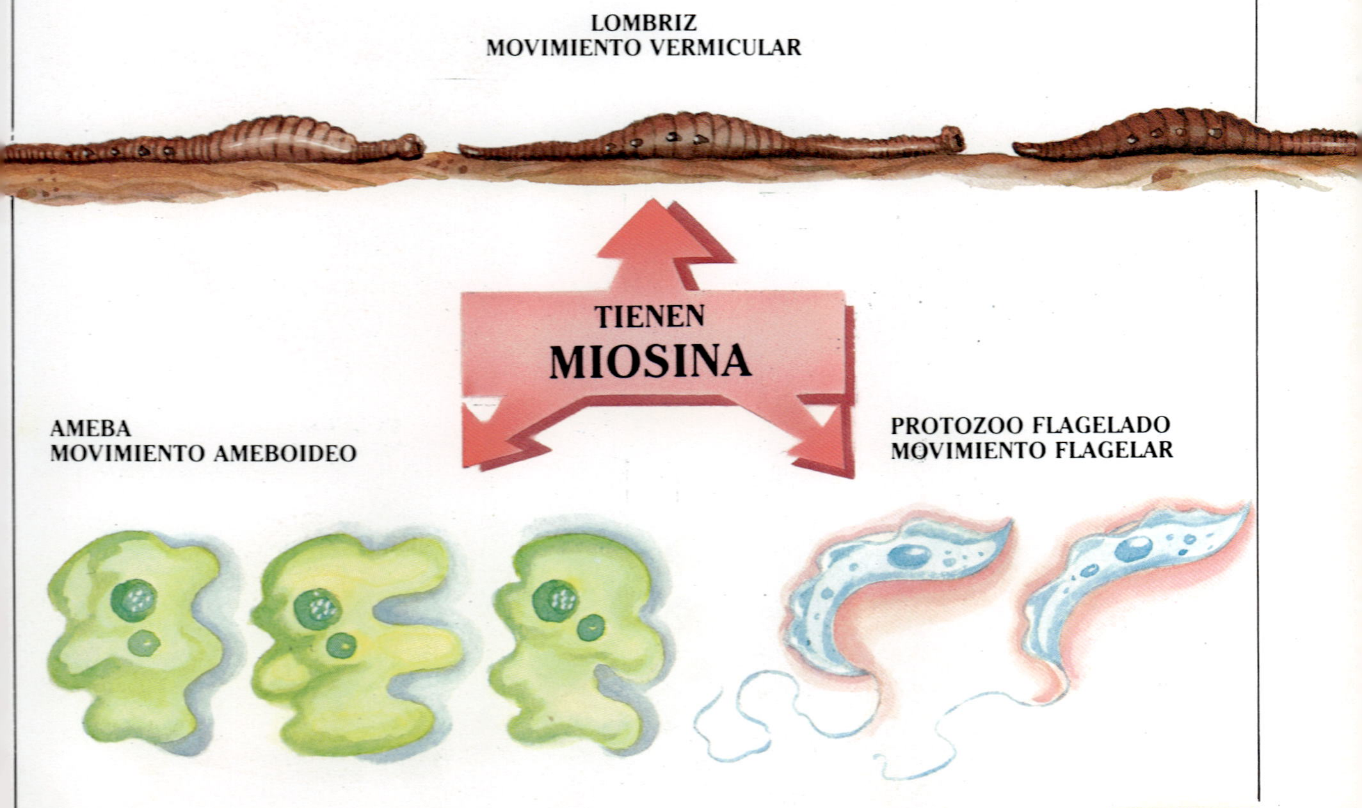

¿Cuántas clases de músculos hay?

El ser humano tiene dos clases de músculos:

● **Músculos de fibra ESTRIADA.**

La fibra estriada tiene forma cilíndrica, son redondeados y por determinadas características de sus células, presentan una serie de estrías o bandas, claras y oscuras, que le han dado nombre. Son de color rojizo y forman lo que conocemos como «carne».

Unidos a los huesos o a la piel, sólo se mueven cuando la persona lo desea y su contracción es rápida. Pertenecen a este grupo los bíceps o tríceps.

Pedrito tiene hambre y decide comer un bocadillo. Voluntariamente su cerebro ordenará a su musculatura estriada, concretamente al bíceps, que flexione el antebrazo para llevar el apetitoso manjar a la boca.

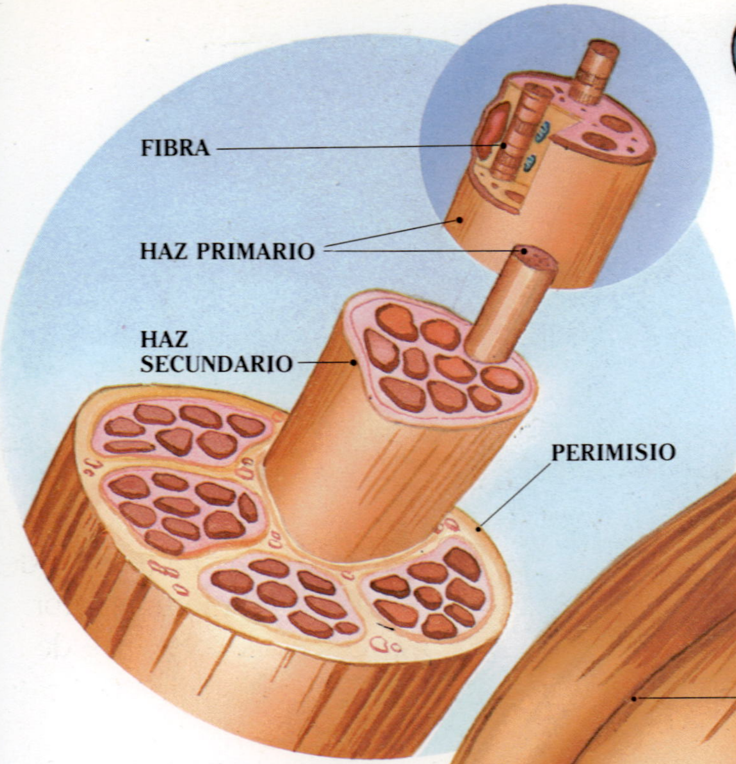

ESTRUCTURA INTERNA DEL TEJIDO MUSCULAR

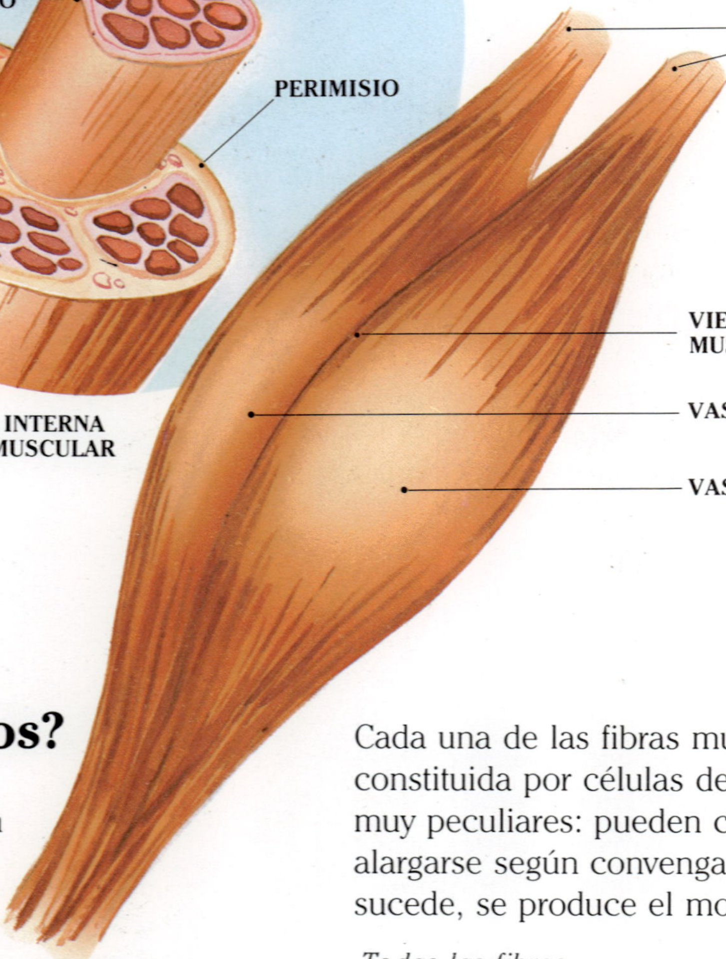

¿Qué son los músculos?

Los músculos están formados por un gran número de fibras musculares, agrupadas en haces primarios y envueltas en una especie de *vaina*. A su vez, estos haces primarios se unen y forman los llamados haces secundarios que, reagrupados, componen la totalidad del músculo al que rodea una membrana *de tejido conjuntivo* brillante llamada perimisio, cuyas prolongaciones son los tendones que unen los músculos a los huesos.

Cada una de las fibras musculares está constituida por células de características muy peculiares: pueden contraerse o alargarse según convenga. Cuando esto sucede, se produce el movimiento.

Todas las fibras musculares de nuestro amigo Gordo están en tensión. Observa sus bíceps: sus fibras, organizadas en haces primarios y secundarios, se han contraído. Los dos vastos del músculo han formado la «bola» de los forzudos.

¿Qué forma tienen los músculos?

No existe una única forma para los músculos. De los 500 diferentes que existen, aproximadamente, en el cuerpo humano, cada uno tiene una forma determinada, según la función que deban desempeñar. No obstante, podemos agruparlos, según sus formas más o menos similares, en:

- **Fusiformes**, es decir en forma de *huso*; estos músculos, gruesos en su parte central y finos en los extremos, suelen tener frecuentemente, dos o tres secciones o vastos. Son, por ejemplo, los bíceps, tríceps.
- **Planos y anchos**, entre los que se encuentran los de la frente o el llamado recto abdominal, que está en el vientre.
- **En forma de abanico**, como los temporales de la mandíbula o los pectorales que forman el pecho.
- **Orbiculares**, en forma de ojal, como los que cierran los ojos o los labios.
- **Circulares** o en forma de anillo; sirven para cerrar conductos y reciben el nombre de esfínteres. Pertenecen a esta clase, los que cierran la vejiga de la orina o el orificio anal.

MUSCULO FUSIFORME

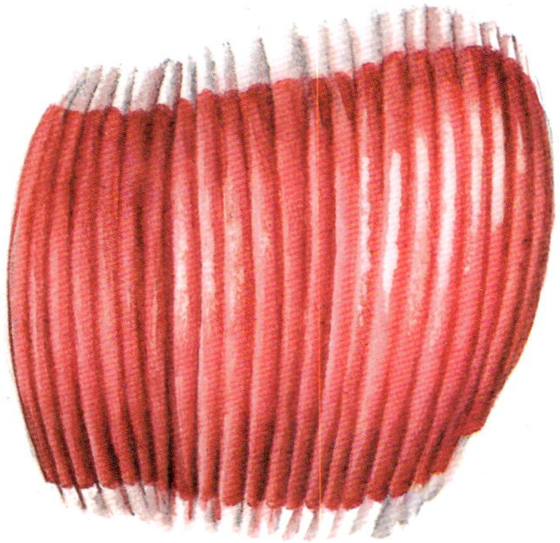

MUSCULO ANCHO

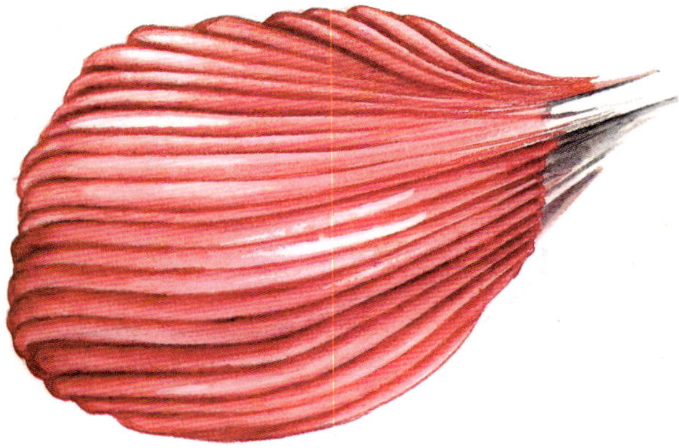

MUSCULO EN ABANICO

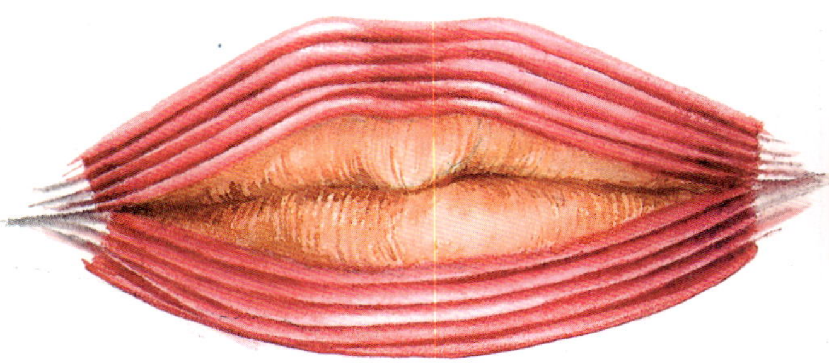

MUSCULO ORBICULAR

Indice

PEDRITO; glóbul
blanco héroe de la po
del cuerpo humanc
METRO, líder de los anticuerpos paracaidistas siempre contento con su trabajo.
KIRA; la simpática lugarteniente de Pedrito, hábil descubridora de virus.
GORDI
blanco
siempre
combati
microbios
y
TIÑOSO, un microbio grandote enemigo acérrimo del bueno de Gordito.

Erase una vez... El Cuerpo Humano

Tomo I

Los músculos

PLANETA-AGOSTINI

Así es el sistema muscular

¿Por qué nos movemos?

La musculatura es la responsable de todos los movimientos que realiza el cuerpo humano. Por tanto, los músculos son los encargados de:

- la **locomoción**, es decir todos los movimientos de desplazamiento del cuerpo.
- la **mímica**, o conjunto de gestos que sirven para expresar lo que pensamos o sentimos.
- las **actitudes o posturas**, que son las posiciones que toma el cuerpo en reposo.

Aproximadamente el 40 % de tu cuerpo está formado por músculos, es decir, que de cada kilo de peso, 400 g son músculos.

Gracias a tus músculos saltas, corres, juegas al tenis y haces mil y un movimientos.

En el brazo del tenista, por ejemplo, actúan, básicamente, los músculos que te señalamos en la ilustración.

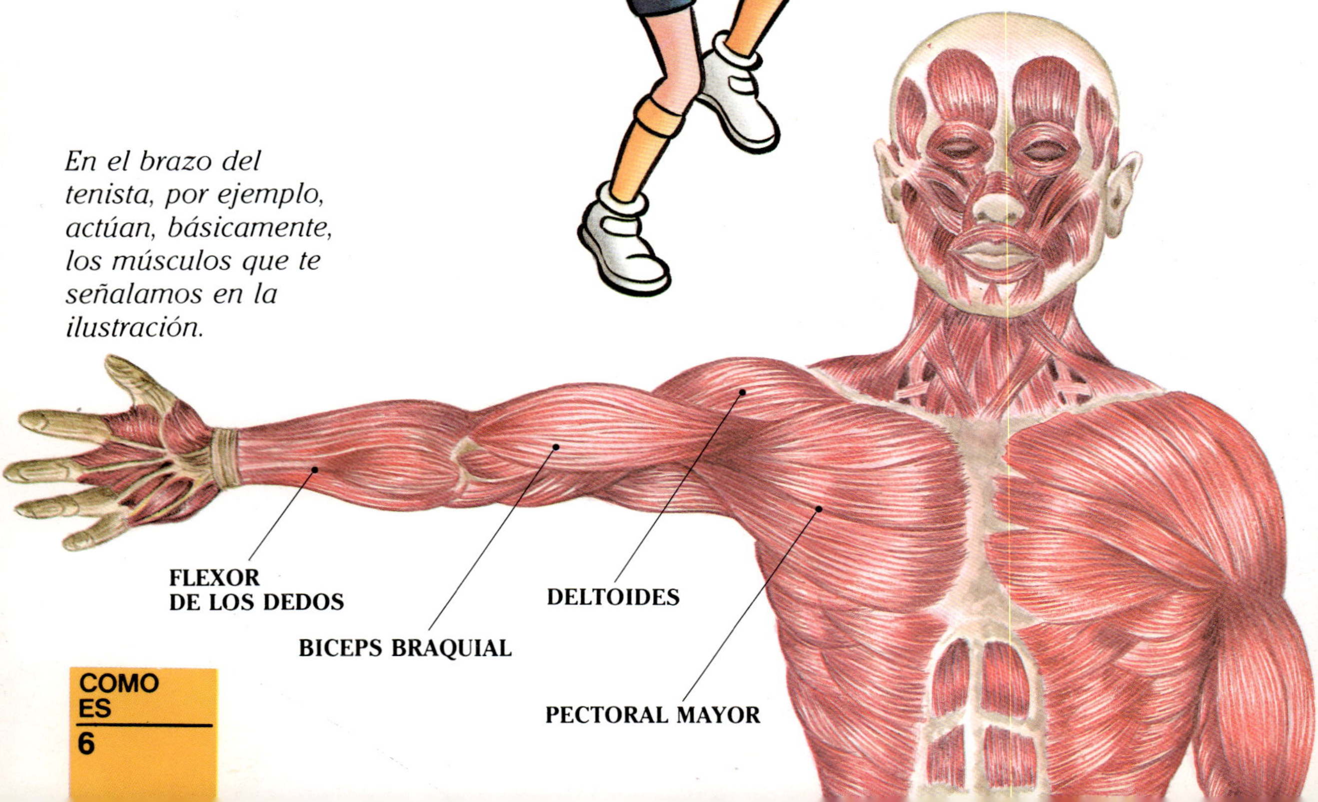